Inteligencia Artificial en 59 minutos

Tomás Guirao

Entiende la Inteligencia Artificial en 59 Minutos

Vivimos en una era en la que la Inteligencia Artificial (IA) ha dejado de ser ciencia ficción para convertirse en parte integral de nuestra cotidianidad.

"Entiende la Inteligencia Artificial en 59 Minutos" es tu puerta de entrada al fascinante mundo de la IA, diseñada especialmente para quienes, independientemente de su edad, buscan desentrañar sus misterios. Desde sus orígenes visionarios hasta sus aplicaciones actuales y su prometedor futuro, este libro te guía a través del impacto y significado de la IA en nuestra sociedad. En menos de una hora, descubrirás cómo "piensan" las máquinas, cómo influyen en tu día a día y qué esperar en el horizonte tecnológico.

No necesitas ser un experto; solo trae tu curiosidad y acompáñanos en este breve, pero revelador, viaje. ¡Bienvenido al entendimiento claro y conciso de la IA en el mundo de hoy!

1. Introducción a la Inteligencia Artificial (IA)
- ¿Qué es la IA?
- Breve historia y evolución.

2. Humanos y Máquinas: La relación a lo largo del tiempo

- Relato sobre la relación humano-máquina desde herramientas simples hasta ordenadores.

3. Conceptos básicos en IA
- Aprendizaje automático, redes neuronales, algoritmos.

4. ¿Cómo "piensa" una máquina?
- Procesamiento de información y toma de decisiones.

5. La revolución del Deep Learning
- Qué es y por qué ha sido tan revolucionario.

6. Casos de éxito: IA en la vida cotidiana
- Siri, Alexa, Google Assistant, recomendaciones de Netflix, etc.

7. La tecnología detrás de la IA
- Hardware y software que potencian la IA.

8. Ética y Inteligencia Artificial
- Los dilemas morales, decisiones autónomas y sesgos.

9. IA y el mundo laboral
- Automatización, nuevas profesiones y el futuro del trabajo.

- Predicciones, esperanzas y teorías sobre lo que vendrá.

20. Reflexiones finales
- La relación entre humanos y máquinas en el futuro y cómo podemos coexistir armoniosamente.

1. Introducción a la Inteligencia Artificial

La revolución digital ha traído consigo una serie de cambios, innovaciones y descubrimientos que, hace algunas décadas, habríamos catalogado de ciencia ficción. De entre todas estas novedades, hay una que destaca por su capacidad de transformar no solo la tecnología, sino también la forma en que vivimos, trabajamos y hasta cómo percibimos el mundo: la Inteligencia Artificial (IA).

Pero, ¿qué es exactamente la IA? Algunos podrían visualizar robots avanzados, como los que se ven en las películas, mientras que otros podrían pensar en asistentes virtuales como Siri o Alexa. Si bien ambos ejemplos pertenecen al ámbito de la IA, este término abarca mucho más.

En términos simples, la IA se refiere a la capacidad de las máquinas de realizar tareas que, tradicionalmente, requerirían de la inteligencia humana. Esto incluye acciones como entender el lenguaje, reconocer patrones, tomar decisiones y aprender de la experiencia.

La idea de que las máquinas puedan pensar o actuar como seres humanos no es nueva. Desde la antigüedad, el ser humano ha soñado con la creación de entidades artificiales con cualidades similares a las nuestras. Desde el mito griego de Pigmaleón, quien deseaba que su estatua cobrase vida, hasta el Golem de las leyendas judías, hemos estado fascinados por la posibilidad de dar vida e inteligencia a lo inanimado.

Sin embargo, la verdadera historia de la IA como ciencia comienza en la década de 1950, con el trabajo pionero de figuras como Alan Turing, quien propuso la famosa "Prueba de Turing" para determinar si una máquina puede ser considerada "inteligente". A partir de ahí, y a lo largo de varias décadas, la IA ha tenido altibajos, enfrentando grandes expectativas, decepciones y sorprendentes avances.

Para quienes crecieron en el siglo XX, la IA era un concepto futurista, a menudo retratado en películas y literatura con máquinas capaces de pensar y sentir. Hoy, aunque todavía no hemos llegado a esos escenarios hollywoodenses, la IA se ha infiltrado silenciosamente en nuestro día a día. Ya no es un concepto lejano: está aquí y es más que real.

Pensemos en cómo intercambiamos mensajes con chatbots para resolver dudas rápidas, o cómo plataformas de streaming como Netflix nos sugieren qué ver a continuación. Cuando realizamos búsquedas en Google, es un algoritmo inteligente el que decide cuáles serán los mejores resultados para mostrarnos. En las redes sociales, la IA nos ayuda a identificar y etiquetar rostros en fotografías. En el ámbito médico, se están desarrollando herramientas de IA para detectar enfermedades con una precisión asombrosa.

Pero así como su presencia puede resultar beneficiosa y facilitar muchas tareas, también trae consigo preocupaciones éticas y dilemas sobre su uso, control y, especialmente, sobre su potencial impacto en el futuro del trabajo y la sociedad en general.

Para aquellos que se preguntan "¿cómo es posible que las máquinas 'piensen'?", es esencial entender que, aunque la IA puede simular ciertas tareas de la inteligencia humana, no piensa ni siente emociones como nosotros. La IA opera en base a algoritmos y datos. "Aprende" al procesar grandes cantidades de información y al reconocer patrones en esa información. De esta manera, mejora su rendimiento en tareas específicas con el tiempo y la experiencia.

Para aquellos que crecieron en una era sin smartphones o internet, el ritmo vertiginoso de la tecnología actual puede ser abrumador. Pero lo maravilloso de vivir en esta época es que todos, independientemente de nuestra edad, tenemos la oportunidad de aprender, adaptarnos y aprovechar los beneficios de estas herramientas, siempre que comprendamos sus fundamentos y posibilidades.

A lo largo de este libro, exploraremos la IA desde sus inicios hasta su estado actual, demistificando mitos y proporcionando una comprensión clara de lo que realmente es, cómo funciona y qué podemos esperar de su evolución en el futuro. Es una invitación a descubrir, sin miedos ni prejuicios, una tecnología que ya está moldeando nuestro presente y que, sin duda, tendrá un papel protagonista en el futuro de la humanidad.

Bienvenidos a este fascinante viaje por el mundo de la Inteligencia Artificial.

¿Qué es la Inteligencia Artificial (IA)?

A medida que avanzamos por el siglo XXI, hay un término que ha resonado en innumerables conversaciones, noticias y aplicaciones tecnológicas: Inteligencia Artificial o IA. Pero, ¿qué es exactamente? ¿Es simplemente una moda, un mero eslogan tecnológico o algo que realmente está moldeando nuestra vida diaria?

En términos simples, la Inteligencia Artificial se refiere a la habilidad de las máquinas de imitar o replicar ciertas funciones de la inteligencia humana. Estas funciones pueden abarcar desde reconocer imágenes o voces hasta prever tendencias y aprender de experiencias pasadas. Pero, antes de profundizar en su funcionamiento, volvamos un poco atrás en el tiempo.

Si creciste en la segunda mitad del siglo XX, es probable que tu primera exposición a la idea de la IA viniera de películas y programas de televisión. Robots que hablaban, naves que entendían comandos verbales y sistemas que podían tomar decisiones autónomas. Durante décadas, todo esto parecía lejano y perteneciente al ámbito de la ciencia ficción. Sin embargo, en las últimas décadas, gran parte de esa "ficción" ha comenzado a cobrar vida.

Lo que es fundamental entender es que, aunque llamemos a esta tecnología "inteligencia", las máquinas no son conscientes, no tienen emociones ni deseos. No "piensan" como lo hacemos los humanos. En cambio, utilizan datos y algoritmos (que son, básicamente, conjuntos de reglas o instrucciones) para procesar información y realizar tareas específicas.

Imagina un niño aprendiendo a distinguir entre diferentes animales. Con el tiempo y la experiencia, el niño se familiariza con las características de cada uno: los perros ladran, los gatos maúllan, los pájaros vuelan. De manera similar, un sistema de IA puede ser entrenado utilizando enormes cantidades de datos. Por ejemplo, si le mostramos miles de imágenes de gatos y le decimos que cada imagen es un "gato", eventualmente será capaz de identificar un gato en una nueva imagen que nunca haya visto antes. No porque "entienda" lo que es un gato, sino porque ha aprendido a reconocer patrones y características comunes en las imágenes que se le han mostrado.

A lo largo de los años, esta tecnología ha evolucionado, permitiendo a la IA desarrollar habilidades más avanzadas y adaptarse a una variedad de tareas. Hoy en día, interactuamos con la IA a menudo, a veces sin siquiera darnos cuenta. Cuando preguntamos a Siri por el pronóstico del tiempo, cuando Netflix nos sugiere una película basada en lo que hemos visto anteriormente, o cuando Facebook etiqueta automáticamente a nuestros amigos en fotos, estamos interactuando con diferentes formas de IA.

Para muchos, especialmente para quienes han visto el auge de la tecnología desde sus primeras etapas, todo esto puede parecer abrumador o incluso un poco inquietante. Sin embargo, es crucial reconocer que la IA, como cualquier herramienta, es tan beneficiosa o perjudicial como el uso que le demos. Ha sido diseñada para hacer nuestras vidas más fáciles, eficientes y conectadas.

Uno de los temores más comunes es que la IA reemplace trabajos y funciones humanas. Y, si bien es cierto que está automatizando ciertas tareas, también está creando nuevas oportunidades y campos de trabajo, al igual que lo hicieron tecnologías anteriores como la electricidad o la computación.

Con todo esto en mente, es vital que, independientemente de nuestra edad, busquemos entender este mundo en rápida evolución. Ya sea para mantenernos al día con los tiempos, para tomar decisiones informadas o simplemente para satisfacer nuestra curiosidad innata.

La IA no es magia ni ciencia ficción. Es el resultado de décadas de investigación, innovación y una incesante curiosidad humana. Y mientras seguimos navegando por este paisaje tecnológico, es nuestro deber como sociedad aprovechar estos avances de manera responsable, ética y, sobre todo, con una visión hacia un futuro en el que la tecnología y la humanidad coexistan en armonía.

Breve Historia y Evolución de la Inteligencia Artificial

La Inteligencia Artificial (IA) puede parecer un concepto moderno, nacido del auge tecnológico de las últimas décadas. Sin embargo, sus raíces se extienden mucho más atrás en el tiempo, abarcando sueños, teorías y máquinas que sentaron las bases para el mundo interconectado que conocemos hoy.

La fascinación humana por crear vida o inteligencia no es nueva. Desde los mitos antiguos, como el Golem hebreo, una figura animada moldeada en arcilla, hasta los autómatas mecánicos del Renacimiento, ha existido un anhelo de imitar la inteligencia o el movimiento humano a través de medios artificiales.

Sin embargo, fue en el siglo XX cuando los cimientos de la IA moderna comenzaron a establecerse. En la década de 1930, el matemático británico Alan Turing, conocido por muchos como el padre de la informática moderna, propuso la idea de una "máquina universal" capaz de resolver cualquier problema computacional. Más tarde, introdujo el "Test de Turing", un experimento mental que cuestiona la capacidad de una máquina para imitar la inteligencia humana hasta el punto de ser indistinguible de un ser humano real.

A finales de los años 50, el término "Inteligencia Artificial" fue acuñado por John McCarthy, cuando organizó la primera conferencia académica sobre el tema en Dartmouth College. Durante este período, se hicieron grandes promesas sobre las posibilidades de la IA, alimentando esperanzas de máquinas que podrían traducir idiomas o resolver problemas complejos en cuestión de años.

La evolución de la IA ha sido una montaña rusa de avances y desilusiones. Después de las altas expectativas de sus primeros años, la IA entró en lo que se conoce como el "invierno de la IA" en los años 70 y 80, debido a la falta de avances significativos y recortes en la financiación.

Sin embargo, como toda buena historia, hubo un renacimiento. Con la llegada de la era digital y el auge de la computación en los 90, la IA comenzó a encontrar aplicaciones prácticas. Las máquinas se volvieron más potentes, el almacenamiento de datos se expandió, y se empezaron a desarrollar algoritmos más sofisticados. Fue durante esta época que surgieron conceptos como el aprendizaje automático (machine learning), donde las máquinas podían aprender de los datos en lugar de simplemente seguir instrucciones preprogramadas.

El siglo XXI ha visto el auge del aprendizaje profundo (deep learning), una subárea del aprendizaje automático que se inspira en la estructura y función del cerebro, específicamente en cómo las neuronas procesan información. Estas redes neuronales artificiales han permitido avances asombrosos en áreas como reconocimiento de voz e imágenes.

Hoy en día, la IA está en todas partes: desde asistentes virtuales como Siri y Alexa hasta algoritmos que recomiendan nuestra próxima canción o serie favorita. Los vehículos autónomos, que una vez parecieron una fantasía distante, están siendo probados en carreteras alrededor del mundo. Los sistemas de IA también están ayudando en campos como la medicina, donde pueden ayudar en diagnósticos o predecir brotes de enfermedades.

No obstante, es importante recordar que la IA es una herramienta, y como toda herramienta, su impacto depende de cómo se utilice. Mientras que ha traído muchos beneficios, también ha planteado preguntas sobre privacidad, ética y el futuro del trabajo en un mundo automatizado.

Para quienes han vivido la transformación tecnológica de las últimas décadas, la evolución de la IA es un testimonio del ingenio humano. Aunque se ha enfrentado a desafíos, ha continuado adaptándose y evolucionando, reflejando nuestra eterna búsqueda de conocimiento y mejora. A medida que continuamos este viaje, es esencial mirar hacia atrás y apreciar el camino que hemos recorrido, mientras navegamos con responsabilidad y curiosidad hacia el futuro.

2. Humanos y Máquinas: La Relación a lo Largo del Tiempo

Desde los albores de la civilización, la relación entre el ser humano y las máquinas ha sido una constante danza de evolución y adaptación. Esta relación ha crecido y se ha transformado con el tiempo, reflejando no solo nuestros avances tecnológicos, sino también nuestra propia evolución como especie.

Las Primeras Herramientas

Todo comenzó con herramientas simples, creadas por nuestros ancestros prehistóricos. Piedras afiladas, palos y huesos fueron las primeras "extensiones" del cuerpo humano. Nos permitieron cazar, construir y protegernos. Estas herramientas rudimentarias fueron los primeros indicios de nuestra innata necesidad de ir más allá de nuestras capacidades físicas y mejorar nuestra relación con el entorno.

La Rueda y la Agricultura

La invención de la rueda, alrededor del 3500 a.C., marcó un hito en la historia de las máquinas. Algo tan simple como un objeto redondo que podía girar revolucionó el transporte y la construcción. Paralelamente, la revolución agrícola nos dio herramientas que transformaron la tierra, como el arado. Esta época no solo marcó el nacimiento de nuevas herramientas, sino también de sociedades más organizadas.

La Era de las Máquinas y la Revolución Industrial

El salto de herramientas manuales a máquinas complejas fue, sin duda, una de las transformaciones más significativas en nuestra relación con la tecnología. Con la llegada de la Revolución Industrial en el siglo XVIII, máquinas de vapor, telares y otras invenciones revolucionaron la producción. El ser humano ya no solo manipulaba herramientas; ahora convivía con máquinas que podían hacer el trabajo de decenas de personas. Esta era nos mostró el poder y el peligro de las máquinas: si bien impulsaron la economía y el progreso, también trajeron desafíos en términos de condiciones laborales y cambios sociales.

El Nacimiento de la Electrónica y la Informática

El siglo XX presenció una nueva revolución: la era electrónica. Con la invención del transistor y, posteriormente, del circuito integrado, la miniaturización y el poder de procesamiento crecieron exponencialmente. Los primeros ordenadores, que ocupaban habitaciones enteras y requerían tarjetas perforadas, pronto dieron paso a máquinas más pequeñas y accesibles.

La creación del ordenador personal en las décadas de 1970 y 1980 cambió la forma en que las personas interactuaban con la tecnología. Estas máquinas, que en principio parecían reservadas para expertos o aficionados, pronto se convirtieron en herramientas cotidianas. La aparición de internet y la digitalización aceleraron aún más esta relación, interconectando al mundo como nunca antes.

La Era Moderna: Inteligencia Artificial y Robótica

Hoy en día, la relación entre humanos y máquinas ha entrado en una fase fascinante y, a veces, inquietante. Los avances en inteligencia artificial y robótica han permitido que las máquinas "piensen", "aprendan" y "actúen" de formas que antes creíamos exclusivas de los seres humanos. Las asistentes virtuales, los vehículos autónomos y los robots de atención médica son solo algunas manifestaciones de esta nueva era.

Para las generaciones que han vivido sin internet o sin móviles, estos avances pueden resultar abrumadores. Pero es esencial recordar que, en esencia, la relación entre humanos y máquinas sigue siendo la misma: una búsqueda continua de mejorar nuestra existencia y superar nuestras limitaciones.

Conclusión

A lo largo de la historia, las máquinas han sido espejos de nuestra sociedad, reflejando nuestras aspiraciones, miedos y deseos. Desde la piedra afilada hasta la inteligencia artificial, han sido extensiones de nosotros mismos. A medida que avanzamos hacia el futuro, es crucial abordar los desafíos éticos y prácticos que surgen, asegurando que esta relación siga siendo beneficiosa y armoniosa para todos.

3. Conceptos Básicos en Inteligencia Artificial (IA)

El mundo de la Inteligencia Artificial (IA) puede parecer una amalgama compleja de términos y conceptos técnicos, pero en su esencia, la IA es una extensión lógica de nuestro deseo constante de hacer que las máquinas trabajen más inteligentemente para nosotros. Para entender esta fascinante disciplina, es esencial desglosar algunos de sus conceptos clave: aprendizaje automático, redes neuronales y algoritmos.

Aprendizaje Automático (Machine Learning)

Imagine que tiene un amigo que nunca ha probado una fruta en su vida y quiere enseñarle a identificar manzanas y plátanos. Le mostrarías ejemplos de cada uno, señalando características distintivas hasta que él pueda diferenciarlos por sí mismo. En la IA, este proceso de enseñanza se llama *aprendizaje automático*.

El **aprendizaje automático** es un subconjunto de la IA que permite a las máquinas aprender y mejorar a partir de la experiencia, sin ser explícitamente programadas para hacerlo. En lugar de escribir código específico para cada tarea, las máquinas se entrenan utilizando grandes cantidades de datos y algoritmos que les dan la capacidad de aprender cómo realizar esa tarea.

Redes Neuronales

Ahora, consideremos nuestro cerebro, una compleja red de neuronas que trabajan juntas para procesar información. Inspirándose en este diseño, los científicos crearon estructuras llamadas **redes neuronales artificiales**.

Una red neuronal artificial es un sistema de algoritmos que intenta reconocer patrones subyacentes en un conjunto de datos a través de un proceso que imita la forma en que funciona el cerebro humano. Estas redes se componen de capas de nodos (o "neuronas") que procesan información. Cuanto más profunda sea una red (es decir, más capas tenga), más compleja será la información que pueda procesar, llevándonos al concepto de "aprendizaje profundo" o *deep learning*.

Algoritmos

Regresemos al ejemplo de enseñarle a tu amigo sobre frutas. La serie de pasos que sigues para explicarle cómo distinguir una manzana de un plátano es, en esencia, un algoritmo: un conjunto definido de instrucciones para realizar una tarea.

En la IA, un **algoritmo** es una serie de instrucciones que le dice a la máquina cómo resolver un problema o realizar una tarea. Es como una receta de cocina para las máquinas. En el contexto del aprendizaje automático, estos algoritmos se utilizan para encontrar patrones o regularidades en los datos.

Dentro de la IA, hay muchos tipos de algoritmos, desde los simples, que quizás hayamos aprendido en la escuela, hasta los muy complejos que potencian las redes neuronales y permiten a las máquinas aprender.

Conclusión

Mientras que la IA como un todo puede parecer abrumadora, descomponiéndola en estos conceptos básicos, podemos comenzar a entender su funcionamiento interno. Desde enseñar a las máquinas a aprender por sí mismas a través del aprendizaje automático, imitar la estructura del cerebro humano con redes neuronales, hasta seguir pasos específicos codificados en algoritmos, la IA está redefiniendo los límites de lo que las máquinas pueden hacer. Y a medida que continuamos avanzando en este campo, es esencial comprender estos fundamentos para apreciar completamente las maravillas y posibilidades que la IA trae a nuestro mundo.

4. ¿Cómo "piensa" una máquina?

Cuando escuchamos sobre máquinas que "piensan", es fácil imaginar escenas de películas de ciencia ficción donde los robots tienen conciencia, emociones y deseos propios. Sin embargo, la realidad del pensamiento de una máquina es mucho más mecánica y menos misteriosa, aunque sigue siendo fascinante. Vamos a explorar cómo las máquinas procesan información y toman decisiones.

Procesamiento de Información

Para comenzar, es crucial entender que, a diferencia de los humanos, las máquinas no "piensan" en términos de conciencia o introspección. En su lugar, procesan información siguiendo patrones y reglas predefinidas, muy similares a cómo un reloj sigue dando la hora correcta gracias a la precisión y al orden de sus engranajes.

1. Entrada de Datos: Todo comienza cuando una máquina recibe datos, ya sea a través de sensores, introducción manual o cualquier otro medio. Estos datos pueden ser imágenes, sonidos, textos, números, entre otros.

2. Transformación y Procesamiento: Una vez que la máquina recibe los datos, estos son procesados por algoritmos específicos. Un algoritmo es, básicamente, una serie de instrucciones detalladas que le dice a la máquina cómo manejar y transformar estos datos.

3. Almacenamiento: Las máquinas utilizan memoria, similar a nuestra capacidad de recordar, pero de forma digital. Aquí, la información se guarda para su uso futuro, permitiendo que las máquinas "recuerden" información o resultados previos.

Toma de Decisiones

El proceso de toma de decisiones en una máquina es diferente al juicio humano, que puede ser ambiguo y basarse en intuiciones o emociones. Las máquinas toman decisiones basadas en lógica y probabilidades.

1. Condicionales: Las máquinas a menudo toman decisiones usando instrucciones "si-entonces". Por ejemplo, "SI la temperatura es inferior a 0 grados, ENTONCES encender la calefacción".

2. Probabilidad: En la IA avanzada, especialmente en aprendizaje automático, las decisiones no siempre son blanco y negro. Se basan en probabilidades. Por ejemplo, un sistema de reconocimiento de imágenes podría determinar que hay un 90% de probabilidad de que una imagen contenga un gato.

3. Aprendizaje y Adaptación: Las máquinas avanzadas tienen la capacidad de adaptar sus decisiones basadas en nuevos datos, aprendiendo de sus errores y ajustando sus algoritmos para mejorar. Esta es la esencia del aprendizaje automático.

4. Interconexión y Retroalimentación: Al igual que nuestro cerebro tiene neuronas interconectadas, las máquinas avanzadas tienen sistemas que permiten la retroalimentación y la interconexión entre diferentes partes, permitiendo un procesamiento de información más sofisticado y decisiones más informadas.

Conclusión

En última instancia, la forma en que una máquina "piensa" es un reflejo de la precisión, la lógica y el diseño con los que fue creada. Aunque no poseen conciencia o emociones, las máquinas, especialmente las potenciadas por IA, tienen una increíble capacidad para procesar información, aprender y tomar decisiones basadas en vastas cantidades de datos. Y mientras continuamos avanzando en tecnología, las fronteras entre la toma de decisiones humana y la de las máquinas se vuelven cada vez más fascinantes y entrelazadas.

5. La revolución del Deep Learning

En las últimas décadas, hemos sido testigos de avances asombrosos en el campo de la Inteligencia Artificial, muchos de los cuales han sido posibles gracias a una técnica específica: el Deep Learning. A veces, este término aparece en las noticias, en relación con avances tecnológicos o descubrimientos, pero ¿qué es realmente y por qué ha sido tan revolucionario?

¿Qué es el Deep Learning?

El Deep Learning, o aprendizaje profundo, es un subcampo del aprendizaje automático inspirado en la estructura y función del cerebro, específicamente en redes neuronales. El "profundo" se refiere a la cantidad de capas que las redes neuronales tienen. Estas capas son, en esencia, una serie de algoritmos que intentan reconocer patrones y características en datos.

A diferencia de las redes neuronales tradicionales, que podrían tener solo una o dos capas, las redes neuronales profundas pueden tener cientos o miles de capas, lo que les permite procesar y comprender información a niveles increíblemente complejos.

¿Por qué ha sido tan revolucionario?

1. Reconocimiento de Imágenes y Sonidos: El Deep Learning ha sido especialmente útil en la identificación y clasificación de imágenes y sonidos. Por ejemplo, plataformas de redes sociales utilizan el aprendizaje profundo para etiquetar y reconocer personas en fotografías. El reconocimiento de voz, como el que se usa en asistentes virtuales, también se ha beneficiado enormemente de esta técnica.

2. Capacidad de Autoaprendizaje: Lo que distingue al Deep Learning es su capacidad para aprender características directamente de los datos sin necesidad de programación específica. A medida que se le proporciona más información, mejora su comprensión y capacidad de predicción.

3. Procesamiento del Lenguaje Natural: La comprensión y generación de lenguaje por parte de las máquinas, como la traducción automática o la generación de texto, ha avanzado significativamente gracias al Deep Learning.

4. Adaptabilidad y Generalización: Las redes neuronales profundas tienen la habilidad de generalizar información. Una vez entrenadas en un tipo de dato, pueden identificar y procesar información similar con mucha precisión, lo que las hace altamente adaptables a diferentes tareas.

5. Avances en Hardware y Grandes Conjuntos de Datos: La revolución del Deep Learning no hubiera sido posible sin la evolución simultánea del hardware, especialmente las GPUs (Unidades de Procesamiento Gráfico), y la disponibilidad de grandes conjuntos de datos. Estos dos factores permitieron el entrenamiento y procesamiento efectivo de redes neuronales profundas.

Conclusión

El Deep Learning ha sido una verdadera revolución en el campo de la Inteligencia Artificial, actuando como un catalizador para muchos de los avances que vemos hoy en día. Desde tareas simples, como recomendaciones de música o video, hasta aplicaciones críticas, como diagnósticos médicos, esta técnica ha transformado no solo la ciencia y la tecnología, sino también nuestra vida diaria. Y lo más emocionante es que, a pesar de todos los logros, apenas estamos comenzando a explorar su potencial completo.

6. Casos de éxito: IA en la vida cotidiana

En una era dominada por la tecnología, la Inteligencia Artificial (IA) ha ido tomando un lugar cada vez más prominente en nuestro día a día. Aunque a veces no nos demos cuenta, muchos dispositivos y servicios que usamos diariamente están potenciados por IA, haciendo nuestras vidas más fáciles, eficientes y entretenidas. A continuación, exploramos algunos de los casos de éxito más relevantes de IA en la vida cotidiana.

1. Siri, Alexa y Google Assistant: Los asistentes virtuales

Los asistentes virtuales, como Siri (Apple), Alexa (Amazon) y Google Assistant, han revolucionado la forma en que interactuamos con la tecnología. Mediante el procesamiento del lenguaje natural y algoritmos de aprendizaje automático, estos asistentes pueden comprender y responder a comandos de voz, ayudándonos desde enviar mensajes y hacer llamadas hasta reproducir nuestra música favorita o informarnos sobre el clima.

2. Recomendaciones de Netflix: Entretenimiento personalizado

Cada vez que ves una serie o película en Netflix, la plataforma recopila datos sobre tus preferencias. Gracias a algoritmos de IA, Netflix analiza estas preferencias y las compara con las de millones de otros usuarios para recomendarte contenido que probablemente te gustará. Este nivel de personalización ha cambiado la forma en que consumimos entretenimiento, garantizando que siempre tengamos algo interesante que ver.

3. Búsqueda Inteligente: Google y sus respuestas instantáneas

La capacidad de Google para proporcionar respuestas rápidas y relevantes a nuestras preguntas es una hazaña de la IA. A través de complejos algoritmos, Google no solo busca palabras clave, sino que comprende el contexto de la búsqueda, priorizando resultados que son más relevantes para el usuario, y ofreciendo respuestas directas a preguntas comunes.

4. Spotify y sus listas de reproducción personalizadas

Similar a Netflix, Spotify utiliza IA para analizar las canciones que escuchas y determinar tus gustos musicales. Pero va más allá: con características como "Descubrimiento Semanal" y "Radar de Novedades", Spotify introduce a los oyentes a nuevas canciones y artistas basándose en sus hábitos de escucha, enriqueciendo constantemente nuestra experiencia musical.

5. Cámaras inteligentes en smartphones

Las cámaras de los smartphones modernos no solo capturan imágenes, sino que también las procesan. La IA puede identificar rostros, optimizar colores, mejorar la iluminación y hasta sugerir la mejor toma. Esto ha elevado la fotografía móvil a niveles profesionales sin requerir habilidades expertas por parte del usuario.

6. Compras en línea y recomendaciones de productos

Plataformas como Amazon utilizan IA para analizar tus hábitos de compra y navegación. Al hacerlo, pueden mostrarte productos que probablemente te interesen, aumentando la eficiencia de tus búsquedas y mejorando la experiencia de compra.

Conclusión

Estos casos de éxito son solo la punta del iceberg cuando se trata de la presencia de la IA en nuestra vida cotidiana. Lo que todos estos ejemplos tienen en común es su capacidad para utilizar grandes cantidades de datos y aprender de ellos, proporcionando soluciones y experiencias personalizadas para los usuarios. A medida que la tecnología avance, es probable que veamos aún más integración de IA en nuestro día a día, haciendo nuestras vidas más conectadas, eficientes y placenteras.

7. La tecnología detrás de la IA

La Inteligencia Artificial (IA) no es simplemente un concepto abstracto; es una realidad técnica, construida sobre una infraestructura tangible de hardware y software. Su impresionante capacidad para procesar información, aprender y tomar decisiones se deriva de una combinación sofisticada de componentes tecnológicos. En este capítulo, exploraremos los cimientos de hardware y software que potencian la IA.

Hardware: Los músculos de la IA

1. Unidades de Procesamiento Central (CPU)
   - Tradicionalmente, las CPUs han sido el corazón de las computadoras, manejando tareas generales de procesamiento. Aunque no están especializadas para tareas de IA, siguen siendo esenciales en la arquitectura general de sistemas de IA.

2. Unidades de Procesamiento Gráfico (GPU)
   - Originalmente diseñadas para gráficos y juegos, las GPUs han encontrado un nuevo propósito en la IA debido a su capacidad para manejar múltiples operaciones en paralelo. Son especialmente efectivas en tareas de aprendizaje profundo, donde grandes cantidades de datos deben ser procesadas simultáneamente.

3. Chips específicos para IA (ASICs y FPGAs)

- Los ASICs (Circuitos Integrados de Aplicación Específica) y FPGAs (Matrices de Puertas Programables en Campo) son hardware diseñado específicamente para tareas de IA, ofreciendo procesamiento eficiente y personalizado para aplicaciones específicas.

4. Procesadores Neuromórficos
- Inspirados en el funcionamiento del cerebro humano, estos procesadores imitan la estructura y dinámica de las redes neuronales biológicas. Se espera que jueguen un papel clave en la próxima generación de sistemas de IA.

Software: El cerebro de la IA

1. Plataformas y Frameworks
- Herramientas como TensorFlow, PyTorch y Keras han simplificado enormemente el desarrollo de aplicaciones de IA. Estos frameworks proporcionan bibliotecas y herramientas que facilitan la creación, entrenamiento y despliegue de modelos de aprendizaje automático.

2. Sistemas Operativos Específicos
- Al igual que un ordenador necesita un sistema operativo, la IA también tiene sistemas diseñados para optimizar la ejecución de tareas relacionadas, como Android NN (Neural Networks) o NVIDIA's Deep Learning AI.

3. Bibliotecas y APIs
- Las bibliotecas, como Scikit-learn o NLTK, ofrecen herramientas preconstruidas para tareas específicas de IA. Además, las APIs permiten a los desarrolladores integrar funciones de IA en aplicaciones sin tener que construir todo desde cero.

4. Simuladores y Entornos de Entrenamiento

- La IA, especialmente en el campo de la robótica y los vehículos autónomos, a menudo requiere entornos simulados para aprender. Herramientas como OpenAI's Gym o Unity's ML-Agents proporcionan estos entornos virtuales.

Conclusión

La potencia de la Inteligencia Artificial no proviene únicamente de algoritmos abstractos o conceptos teóricos, sino de una sinergia entre hardware y software avanzados. Estas tecnologías, trabajando en conjunto, permiten que las máquinas "aprendan", "piensen" y "actúen" de manera que, hace apenas unas décadas, habría sido considerado ciencia ficción. A medida que el hardware y el software continúan evolucionando, también lo hará la capacidad y el impacto de la IA en nuestra sociedad.

8. Ética y Inteligencia Artificial

La Inteligencia Artificial (IA) ha traído consigo una serie de avances que han transformado nuestra sociedad. Sin embargo, con esta transformación vienen importantes desafíos éticos que abordan las responsabilidades, implicaciones y consecuencias de estas tecnologías. Desde dilemas morales hasta decisiones autónomas y problemas de sesgo, es crucial que entendamos y enfrentemos estas cuestiones éticas.

Dilemas Morales en la IA

1. El Dilema del Carro Autónomo: Imagina un vehículo autónomo que se enfrenta a una situación inevitable de accidente. ¿Debe elegir salvar al conductor a expensas de peatones, o proteger a los peatones sacrificando al conductor? Este escenario plantea preguntas sobre a quién debe priorizar la máquina y cómo se programan esos criterios.

2. Uso Militar de la IA: Las armas autónomas, o "robots asesinos", son máquinas capaces de seleccionar y atacar objetivos sin intervención humana. ¿Es ético permitir que las máquinas tomen decisiones sobre la vida y la muerte en el campo de batalla?

Decisiones Autónomas

A medida que las máquinas adquieren capacidades para tomar decisiones de manera independiente, surgen preguntas sobre su grado de autonomía y las posibles repercusiones.

1. Responsabilidad: Si una IA toma una decisión incorrecta, ¿quién es responsable? ¿El creador de la IA, el usuario, la máquina misma? Establecer líneas claras de responsabilidad es crucial.

2. Transparencia y Explicabilidad: Es esencial que las decisiones tomadas por la IA se puedan explicar y entender, especialmente en campos críticos como la medicina o el sistema judicial. Sin transparencia, no podemos comprender ni confiar plenamente en las decisiones de la máquina.

Sesgos en la IA

El sesgo en la IA es una cuestión crítica que surge porque las máquinas aprenden de datos que, a menudo, reflejan las desigualdades y prejuicios de nuestra sociedad.

1. Datos Sesgados: Si la IA se entrena con datos que no representan adecuadamente a todos los grupos de individuos, sus decisiones y acciones también estarán sesgadas. Por ejemplo, si un sistema de reconocimiento facial se entrena principalmente con imágenes de personas de un grupo racial específico, puede no funcionar correctamente para otros grupos.

2. Amplificación del Sesgo: La IA no solo refleja el sesgo, sino que puede amplificarlo. Un sistema de recomendación, por ejemplo, podría reforzar estereotipos al mostrar contenido basado en prejuicios existentes.

Abordar los Desafíos Éticos

1. Normativas y Regulación: Es fundamental que existan regulaciones que guíen el desarrollo y uso de la IA. Estas normativas deben equilibrar la innovación con la protección de los derechos y la seguridad de las personas.

2. Participación Pública: Las decisiones sobre cómo se utiliza y regula la IA no deben ser tomadas únicamente por empresas o gobiernos. Es vital involucrar a la sociedad en estas discusiones para asegurar que se consideren múltiples perspectivas.

3. Educación y Conciencia: Es crucial que las personas comprendan los desafíos éticos asociados con la IA para tomar decisiones informadas y éticas al desarrollar, usar o interactuar con estas tecnologías.

Conclusión

La Inteligencia Artificial tiene el poder de remodelar nuestra sociedad de maneras que apenas estamos comenzando a comprender. Sin embargo, con ese poder viene una profunda responsabilidad. Al enfrentar los desafíos éticos de la IA, debemos asegurarnos de que la tecnología se desarrolle y utilice de manera que beneficie a todos, sin comprometer nuestros valores y derechos fundamentales. Abordar estos problemas éticos no es solo una tarea para los expertos o desarrolladores; es una responsabilidad colectiva que nos concierne a todos.

9. IA y el Mundo Laboral

Desde el comienzo de la Revolución Industrial, la humanidad ha estado en un continuo proceso de adaptación a las nuevas tecnologías. Cada innovación, desde la máquina de vapor hasta la electricidad, ha reconfigurado el tejido de nuestra economía y, por ende, el mundo laboral. Hoy, con la Inteligencia Artificial (IA) en el centro de la escena, nos encontramos una vez más en el umbral de un cambio transformador en la manera en que trabajamos, producimos y nos relacionamos.

Automatización: Una Espada de Doble Filo

La IA, con su capacidad para procesar vastas cantidades de datos y aprender de ellos, ha permitido la automatización de numerosas tareas que antes requerían intervención humana. Desde centros de llamadas hasta almacenes, la automatización impulsada por la IA está presente:

1. Eficiencia y Productividad: La IA puede trabajar sin descanso, sin cometer errores humanos típicos, lo que permite una eficiencia sin precedentes. Las empresas pueden producir más, a menudo con costos más bajos.

2. Desplazamiento Laboral: Sin embargo, la eficiencia viene con un precio. Muchos trabajos, especialmente aquellos repetitivos y de bajo nivel, corren el riesgo de ser automatizados. Esto plantea inquietudes sobre el desempleo y la necesidad de reconversión laboral.

Nuevas Profesiones y Capacitación

Si bien algunos trabajos desaparecerán o se reducirán debido a la automatización, surgirán nuevos roles y profesiones:

1. Roles Técnicos: A medida que la IA se convierte en una parte integral de casi todas las industrias, habrá una demanda creciente de expertos en datos, especialistas en aprendizaje automático, y profesionales de la ética en IA, entre otros.

2. Habilidades Humanas: Las habilidades inherentemente humanas, como la empatía, la creatividad y la capacidad de pensamiento crítico, serán aún más valoradas. Profesiones centradas en el trato humano, como el asesoramiento, el arte o la psicoterapia, podrían experimentar un auge.

3. Reentrenamiento y Educación: Con el cambio en el panorama laboral, la formación continua y el reentrenamiento se convertirán en la norma. Las instituciones educativas y las empresas tendrán que adaptarse a esta nueva realidad, ofreciendo programas de capacitación más flexibles y orientados a las habilidades necesarias en la era de la IA.

El Futuro del Trabajo: Un Mosaico de Posibilidades

A medida que avanzamos, el mundo laboral será un reflejo de nuestra capacidad para adaptarnos y aprovechar las oportunidades que presenta la IA:

1. Colaboración Humano-Máquina: En lugar de reemplazar a los humanos, en muchos casos, la IA actuará como un complemento. La colaboración entre humanos y máquinas podría abrir puertas a innovaciones y eficiencias que antes eran impensables.

2. Flexibilidad Laboral: Con herramientas inteligentes a nuestra disposición, es probable que veamos un cambio hacia modelos de trabajo más flexibles. El trabajo remoto, los horarios flexibles y las estructuras laborales menos tradicionales podrían convertirse en la norma.

3. Desafíos Socioeconómicos: A pesar de las oportunidades, enfrentamos desafíos significativos. La distribución desigual de los beneficios de la IA, el potencial aumento de la desigualdad y la necesidad de políticas de apoyo, como un ingreso básico universal, podrían estar en la agenda de discusiones en las próximas décadas.

Conclusión

La IA está redefiniendo el mundo laboral de maneras complejas y multifacéticas. Aunque enfrentamos incertidumbres y desafíos, también estamos al borde de un futuro lleno de oportunidades. La clave será la adaptación, la educación continua y el reconocimiento de que, en un mundo dominado por la tecnología, nuestras cualidades intrínsecamente humanas son más valiosas que nunca.

10. Las Grandes Mentes tras la IA

La historia de la Inteligencia Artificial (IA) es rica y fascinante, y no podría ser contada sin mencionar a los visionarios que dieron forma a esta revolucionaria disciplina. Desde los primeros teóricos hasta los innovadores contemporáneos, estas mentes brillantes han definido y redefinido las posibilidades y limitaciones de la IA.

Alan Turing: El Padre de la Computación Moderna

Alan Turing, matemático y lógico británico, es mejor conocido por su trabajo en la ruptura del código Enigma durante la Segunda Guerra Mundial. Pero su influencia en la IA se deriva de su famoso "Test de Turing", una medida propuesta para determinar si una máquina puede exhibir comportamiento inteligente indistinguible del humano. Aunque nunca vio la verdadera realización de la IA, sus teorías y propuestas sentaron las bases para la computación y la IA moderna.

Marvin Minsky: El Visionario de la IA Simbólica

Uno de los fundadores del Laboratorio de Inteligencia Artificial del MIT, Marvin Minsky, fue un pilar en los primeros días de la IA. Creía firmemente en la posibilidad de construir máquinas que pudieran simular cada aspecto de la inteligencia humana. Sus trabajos sobre redes neuronales y su libro "Sociedades de la Mente" ofrecieron una visión profunda sobre cómo podrían funcionar las máquinas inteligentes.

Geoffrey Hinton: El Padrino del Aprendizaje Profundo

En tiempos más recientes, el Dr. Geoffrey Hinton, a menudo llamado el "padrino del aprendizaje profundo", ha sido una figura central en la resurrección y popularización de las redes neuronales. Sus algoritmos y técnicas revolucionaron el campo de la IA, conduciendo a avances en áreas como reconocimiento de voz e imagen. Su trabajo ha sido fundamental en el reciente auge de la IA en la vida cotidiana.

Yann LeCun y Yoshua Bengio: Líderes Contemporáneos

Junto con Hinton, Yann LeCun y Yoshua Bengio completan el trío a menudo referido como los "tres padrinos del aprendizaje profundo". LeCun ha hecho contribuciones significativas en el campo del aprendizaje profundo y la visión por computadora, mientras que Bengio es conocido por sus avances en redes neuronales recurrentes y su visión sobre la capacidad de las máquinas para aprender representaciones.

Conclusión

Estas figuras emblemáticas son solo una pequeña muestra de las muchas mentes brillantes que han contribuido al vasto y complejo mundo de la IA. Lo que comenzó como una mezcla de filosofía, lógica y experimentación se ha transformado en una disciplina que está reconfigurando nuestra sociedad. Cada uno de estos pioneros, a su manera, vio un futuro donde las máquinas podrían emular la inteligencia humana, y sus visiones y esfuerzos han allanado el camino para el emocionante panorama de la IA que vemos hoy.

11. Riesgos y Desafíos de la IA

La Inteligencia Artificial (IA) ha transformado innumerables aspectos de nuestra vida cotidiana, desde cómo nos comunicamos hasta cómo hacemos negocios. Sin embargo, con estas promesas también vienen riesgos y desafíos. Al igual que cualquier herramienta poderosa, la IA tiene el potencial de ser mal utilizada, y su evolución plantea preguntas sobre futuros escenarios que hasta hace poco eran relegados a la ciencia ficción.

Mal Uso Intencional

Uno de los riesgos más evidentes de la IA es su potencial mal uso. Las herramientas basadas en IA pueden ser empleadas en ciberataques, guerra de información o manipulación de opiniones públicas. Por ejemplo, los "deepfakes", videos generados por IA que superponen rostros y voces de personas en situaciones ficticias, presentan desafíos en áreas como la privacidad, la difamación y la manipulación mediática.

Sesgos y Discriminación

Las máquinas aprenden a partir de datos. Si esos datos reflejan prejuicios o desigualdades presentes en la sociedad, la IA puede perpetuar o incluso amplificar esos sesgos. Hemos visto ejemplos en sistemas de reconocimiento facial que mostraron tasas de error más altas para ciertos grupos demográficos, o algoritmos de contratación que favorecieron inadvertidamente a un género sobre otro. Estos errores no solo son injustos, sino que también pueden tener repercusiones legales y éticas.

Desempleo y Desplazamiento Laboral

A medida que la IA se vuelve más competente en tareas específicas, existe la preocupación de que muchos trabajos, especialmente aquellos rutinarios, puedan ser automatizados, llevando a un desempleo masivo. Si bien es cierto que la IA creará nuevos empleos y oportunidades, la transición podría ser dolorosa para muchos trabajadores.

Falta de Transparencia y Comprensión

Los modelos avanzados de IA, en particular aquellos basados en aprendizaje profundo, son notorios por ser "cajas negras". Esto significa que, aunque pueden realizar tareas con alta precisión, a menudo es difícil entender cómo llegaron a una decisión particular. Esta falta de transparencia puede ser problemática, especialmente en áreas críticas como la medicina o el sistema judicial.

Superinteligencia y Control

Un debate filosófico y técnico en el campo de la IA gira en torno a la idea de una superinteligencia: una IA que superaría ampliamente la inteligencia humana en la mayoría o todas las actividades. Si bien esto todavía está en el reino de la especulación, algunos teóricos, como el filósofo Nick Bostrom, argumentan que una superinteligencia mal alineada podría ser una amenaza existencial para la humanidad. La pregunta central es: si creamos algo más inteligente que nosotros, ¿cómo garantizamos que actúe en nuestro mejor interés?

Dependencia Tecnológica

A medida que la IA se integra más en nuestros sistemas y servicios, existe el riesgo de que nos volvamos excesivamente dependientes de ella. Fallas, errores o interrupciones en sistemas basados en IA podrían tener consecuencias catastróficas, especialmente si no mantenemos redundancias o capacidades humanas para intervenir.

Conclusión

Los riesgos y desafíos de la IA no deben ser subestimados. Pero tampoco deben eclipsar las enormes oportunidades y beneficios que esta tecnología puede traer. Lo esencial es que abordemos estos problemas de frente, con una combinación de regulación, investigación y diálogo público. Al igual que con todas las revoluciones tecnológicas anteriores, la IA presenta tanto promesas como problemas. Nuestra responsabilidad es garantizar que maximicemos los beneficios mientras minimizamos los riesgos, asegurando un futuro en el que la IA sea una herramienta para el bienestar de todos.

12. Aprovechando la IA en el Hogar

La inteligencia artificial (IA) ha dejado de ser un concepto futurista para convertirse en una realidad omnipresente. Una de las áreas donde su presencia es más palpable es en nuestros hogares. Ya no es necesario ser un experto en tecnología para disfrutar de los beneficios de la IA; con una variedad de dispositivos y aplicaciones a nuestra disposición, nuestros hogares están transformándose en espacios más inteligentes, eficientes y personalizados.

Automatización Doméstica

Conocida también como domótica, la automatización del hogar abarca sistemas que controlan funciones como la iluminación, la temperatura, la seguridad y el entretenimiento. La IA lleva esta automatización un paso más allá. Por ejemplo, termostatos inteligentes pueden aprender nuestras rutinas y ajustar la temperatura de la casa para maximizar la comodidad y la eficiencia energética. Del mismo modo, sistemas de iluminación pueden adaptarse a nuestros hábitos y preferencias, encendiéndose y apagándose según nuestras necesidades y optimizando el consumo eléctrico.

Asistentes Virtuales

Siri, Alexa, Google Assistant y otros asistentes virtuales se han convertido en compañeros domésticos comunes. Estos asistentes, potenciados por la IA, nos permiten interactuar con nuestra tecnología de forma más natural, utilizando comandos de voz. Ya sea para establecer alarmas, reproducir música, obtener recetas o recibir actualizaciones del clima, los asistentes virtuales han añadido una capa de conveniencia a nuestras vidas diarias. Además, la integración con otros dispositivos inteligentes permite controlar prácticamente cualquier aspecto del hogar con simples instrucciones verbales.

Seguridad y Vigilancia

La IA también está revolucionando la seguridad del hogar. Las cámaras de seguridad inteligentes no sólo graban actividad, sino que pueden distinguir entre diferentes tipos de movimiento, reconocer caras y enviar alertas específicas al usuario. Por ejemplo, si detectan a alguien desconocido rondando la casa, o si los niños llegan del colegio, el sistema puede enviar una notificación en tiempo real al propietario.

Cocina y Electrodomésticos

Los avances en IA no se limitan al entretenimiento y la seguridad; también han llegado a la cocina. Refrigeradores inteligentes pueden monitorear sus contenidos, sugerir recetas basadas en los ingredientes disponibles e incluso hacer pedidos de víveres cuando algo se agota. Por su parte, hornos y estufas inteligentes pueden ajustar automáticamente los tiempos y temperaturas de cocción para garantizar resultados perfectos.

Salud y Bienestar

Dispositivos como relojes inteligentes y monitores de actividad física utilizan la IA para analizar patrones de sueño, niveles de actividad, ritmos cardíacos y más. Estos insights no sólo nos ayudan a llevar un registro de nuestra salud, sino que pueden ofrecer recomendaciones personalizadas para mejorar nuestro bienestar general.

Conclusión

La IA ha convertido nuestros hogares en espacios más conectados, inteligentes y adaptados a nuestras necesidades. Esta transformación va más allá de simples comodidades; se trata de mejorar nuestra calidad de vida, de hacer que nuestro entorno responda a nosotros y nos ayude a llevar vidas más seguras, saludables y felices. A medida que la tecnología avance, podemos esperar que la presencia de la IA en nuestros hogares se intensifique, llevando la experiencia doméstica a alturas inimaginables hace apenas una década.

13. La IA en la Medicina

La medicina, una de las disciplinas más antiguas y esenciales para la humanidad, ha experimentado una transformación sin precedentes con la irrupción de la inteligencia artificial (IA). A través de sus múltiples aplicaciones, la IA está no solo mejorando la precisión y eficiencia de los tratamientos, sino también abriendo puertas a enfoques completamente nuevos. Veamos cómo la IA está dejando su huella en distintos ámbitos de la medicina.

Diagnósticos

Uno de los campos más impactados por la IA es el diagnóstico médico. Gracias a algoritmos avanzados y aprendizaje profundo, ahora es posible analizar imágenes médicas con una precisión que a menudo supera la capacidad humana. Ya sea en radiografías, resonancias magnéticas o tomografías, la IA puede identificar anomalías, tumores y otras patologías con gran precisión y en una fracción del tiempo que llevaría a un especialista.

Además, la IA permite el análisis de grandes conjuntos de datos, lo que significa que puede identificar patrones y correlaciones que podrían pasar desapercibidos para el ojo humano. Esto es esencial, por ejemplo, en la detección temprana de enfermedades degenerativas o condiciones genéticas.

Medicina Personalizada

La medicina personalizada es un enfoque que busca adaptar el tratamiento médico al perfil individual de cada paciente. Aquí, la IA juega un papel fundamental al analizar y procesar enormes cantidades de datos genómicos para identificar cómo ciertos genes o combinaciones de genes pueden influir en la susceptibilidad a enfermedades o en la respuesta a tratamientos.

Con la ayuda de la IA, es posible diseñar tratamientos más específicos y adaptados, lo que puede mejorar drásticamente la eficacia de intervenciones y medicamentos, reduciendo al mismo tiempo los efectos secundarios.

Robótica Médica

La robótica, potenciada por la IA, está revolucionando el quirófano. Los robots asistidos por cirujanos permiten realizar procedimientos con una precisión milimétrica, minimizando el daño a tejidos circundantes y mejorando las tasas de éxito. Estos sistemas robóticos, como el famoso Da Vinci, ofrecen una visión tridimensional del área de operación y eliminan el temblor natural de la mano humana.

Además de la cirugía, la robótica también se está utilizando en rehabilitación. Robots de rehabilitación asistida por IA ayudan a pacientes a recuperar la movilidad y la fuerza después de eventos como accidentes cerebrovasculares.

Conclusión

La irrupción de la IA en la medicina está desencadenando una revolución en la forma en que entendemos, diagnosticamos y tratamos enfermedades. Estas innovaciones prometen no solo mejorar la eficacia y precisión de la atención médica, sino también hacerla más accesible y personalizada. A medida que la IA continúa evolucionando, podemos esperar que su influencia en la medicina crezca, llevando la atención sanitaria a niveles de excelencia nunca antes vistos.

14. Educación y aprendizaje potenciados por la IA

La educación es el cimiento sobre el cual se erige el progreso humano. Y en este siglo, la inteligencia artificial (IA) ha emergido como una poderosa herramienta que está reconfigurando la manera en que aprendemos, enseñamos y evaluamos. Las posibilidades son vastas y cambian constantemente, pero echemos un vistazo a cómo la IA ya está impactando en la educación y el aprendizaje.

Tutoriales personalizados

Cada estudiante es único, con sus propios ritmos, intereses y desafíos. Tradicionalmente, la educación ha seguido un modelo estandarizado, donde todos los estudiantes avanzan al mismo ritmo. Sin embargo, con la IA, ahora es posible ofrecer tutoriales personalizados adaptados a las necesidades de cada individuo.

Estos sistemas, a menudo llamados tutores inteligentes, pueden adaptar el contenido en tiempo real según las respuestas y el rendimiento del estudiante. Si un estudiante tiene problemas con un concepto en particular, el tutor puede ofrecer recursos adicionales o cambiar el enfoque de enseñanza. Por otro lado, si un estudiante domina rápidamente un tema, el sistema puede avanzar a conceptos más avanzados, evitando la repetición innecesaria.

Evaluación automatizada

Evaluar a los estudiantes es una tarea esencial pero tediosa. La IA ofrece soluciones que pueden automatizar gran parte de este proceso. Por ejemplo, algoritmos avanzados pueden calificar ensayos o respuestas largas, analizando la coherencia, la gramática y la relevancia del contenido. Aunque no pueden reemplazar completamente la intuición y el conocimiento de un educador humano, estos sistemas pueden aligerar la carga y permitir a los docentes centrarse en tareas más cualitativas.

Plataformas educativas impulsadas por IA

La era digital ha visto surgir numerosas plataformas educativas en línea, y muchas de ellas incorporan IA para mejorar la experiencia del usuario. Plataformas como Khan Academy, Coursera o Duolingo utilizan la IA para ofrecer un aprendizaje adaptativo. Además, sistemas de recomendación pueden sugerir cursos, lecturas o problemas basados en el historial y las preferencias del estudiante.

Inclusión y Accesibilidad

La IA también tiene el poder de hacer que la educación sea más inclusiva. Herramientas de reconocimiento de voz pueden asistir a estudiantes con discapacidades visuales, mientras que traductores automáticos permiten que el contenido educativo esté disponible en múltiples idiomas casi instantáneamente.

Conclusión

La educación y el aprendizaje potenciados por la IA tienen el potencial de democratizar el acceso al conocimiento y personalizar la experiencia educativa como nunca antes. Si bien todavía estamos en las primeras etapas de esta revolución, es evidente que la IA desempeñará un papel fundamental en la formación de las mentes del mañana. Con la combinación correcta de innovación tecnológica y perspicacia pedagógica, el futuro de la educación es brillante y prometedor.

15. Cómo empezar con la IA

El auge de la inteligencia artificial (IA) ha desencadenado un fervor por comprender y dominar esta tecnología en personas de todas las edades y trasfondos. Si bien puede parecer un campo intimidante al principio, hay innumerables recursos y vías para adentrarse en él, incluso para aquellos sin experiencia previa en tecnología o programación. Si sientes curiosidad por el mundo de la IA y deseas dar tus primeros pasos, este capítulo es para ti.

Entendiendo lo Básico

Antes de zambullirse en el mundo práctico de la IA, es útil tener una comprensión general de qué trata. Consumir material como artículos, libros para principiantes y videos de divulgación puede ofrecer una visión global sin entrar en tecnicismos.

Recursos Online Gratuitos

La web es un tesoro de recursos educativos sobre IA. Algunos de los más destacados incluyen:

- *Coursera: Ofrece cursos de universidades prestigiosas sobre temas de IA, incluyendo el popular curso "Machine Learning" por Andrew Ng.*
- *edX: Otra plataforma con cursos de universidades renombradas.*
- *Khan Academy: Aunque está más centrado en matemáticas y ciencias, es un recurso esencial para consolidar bases que se emplearán en IA.*
- *Google's Machine Learning Crash Course: Un curso gratuito diseñado para principiantes.*

Aplicaciones y Herramientas para Aficionados

Existen herramientas diseñadas específicamente para aquellos que desean experimentar con la IA sin necesidad de programar:

- *Teachable Machine de Google: Permite a los usuarios entrenar modelos básicos de IA usando imágenes, sonidos o poses.*
- *Lobe.ai: Una herramienta visual para crear modelos de aprendizaje automático sin escribir código.*

Cursos Formales y Bootcamps

Si estás dispuesto a invertir más tiempo y, posiblemente, dinero, hay bootcamps y cursos formales específicamente diseñados para enseñar IA desde cero. Organizaciones como General Assembly, Udacity y DataCamp ofrecen programas que te llevan desde lo básico hasta conceptos avanzados.

Libros y Textos Recomendados

Para aquellos que prefieren el autoaprendizaje a través de la lectura, hay una multitud de libros que abordan la IA desde un nivel introductorio:

- "Make Your Own Neural Network" de Tariq Rashid: Un enfoque práctico para aquellos que desean construir su primera red neuronal.
- "AI For Everyone" de Andrew Ng: Un libro que desmitifica la IA para el público general.

Comunidades y Redes

Aprender es un proceso social, y la IA no es una excepción. Plataformas como Reddit, en subreddits como r/MachineLearning, o foros especializados como Stack Overflow o Towards Data Science, ofrecen una comunidad activa donde principiantes pueden hacer preguntas, compartir recursos y aprender de expertos.

Conclusión

Adentrarse en el mundo de la IA es una aventura excitante que está al alcance de cualquiera con curiosidad y ganas de aprender. Ya sea que te inclines por el autoaprendizaje a través de recursos online, prefieras la estructura de un curso formal, o desees simplemente experimentar con herramientas visuales, hay un mundo de posibilidades esperándote. Como en cualquier viaje de aprendizaje, lo más importante es dar el primer paso. ¡Adelante y descubre todo lo que la IA tiene para ofrecer!

16. IA en el Arte y la Creatividad

Desde las primeras pinturas rupestres hasta las sinfonías de Beethoven, el arte y la creatividad han sido un reflejo de la humanidad, una manifestación de nuestras emociones, historias y culturas. Con el avance de la tecnología, especialmente la inteligencia artificial (IA), el panorama artístico está experimentando una revolución sin precedentes. Veamos cómo la IA está dejando su huella en el mundo del arte y la creatividad.

Composición Musical

El universo de la música ha sido uno de los primeros en recibir el impacto de la IA. Existen programas que, utilizando algoritmos de aprendizaje automático, pueden componer piezas musicales en estilos variados, desde clásico hasta jazz o pop. Estas herramientas analizan miles de composiciones para identificar patrones y estructuras, y luego crean nuevas piezas basadas en esos aprendizajes.

Por ejemplo, proyectos como "AIVA" o "Magenta" de Google han presentado composiciones originales creadas por IA, las cuales en muchos casos son indistinguibles de las compuestas por humanos. Si bien hay debates sobre la "alma" y la "emoción" en la música generada por IA, no hay duda de su capacidad técnica y de la innovación que aporta al campo.

Arte Visual

En el mundo del arte visual, la IA ha demostrado ser una herramienta valiosa y a la vez controversial. Herramientas como "DeepDream" de Google, que transforma imágenes ordinarias en obras surrealistas al amplificar y modificar patrones reconocidos, han fascinado y desconcertado a muchos.

Por otro lado, las "GANs" (Redes Antagonistas Generativas) han permitido la creación de obras de arte que han sido subastadas por sumas significativas. Estas redes "compiten" entre sí: una crea una imagen y la otra evalúa su calidad, en un ciclo continuo de mejora y refinamiento.

Escritura y Literatura

La IA también ha incursionado en el ámbito literario. Desde generadores de poesía hasta herramientas que escriben historias cortas, la IA está comenzando a hacerse un lugar en el mundo de las letras. Proyectos como "GPT-2" y "GPT-3" de OpenAI han demostrado capacidades asombrosas en la generación de texto coherente y creativo basado en las instrucciones dadas.

Aunque todavía es un campo en desarrollo, la IA ya ha demostrado potencial para asistir a escritores, generando ideas, completando tramas o incluso creando personajes.

¿Colaboración o Competencia?

A pesar de estas innovaciones, surge una pregunta esencial: ¿Está la IA reemplazando a los artistas o está trabajando junto a ellos? La respuesta más aceptada es que la IA actúa como una herramienta, una extensión del artista. Al igual que un pintor utiliza un pincel, un músico un instrumento, el artista contemporáneo puede usar la IA para explorar nuevas formas de expresión y romper barreras creativas.

Conclusión

La intersección entre IA y arte está redefiniendo lo que significa ser creativo en el siglo XXI. Mientras que algunos ven a la IA como una amenaza para la autenticidad artística, otros la ven como el siguiente paso en la evolución del arte, una fusión entre humanidad y máquina que puede llevar la creatividad a alturas inimaginables.

Lo cierto es que, al igual que otras herramientas a lo largo de la historia, la IA ofrece tanto desafíos como oportunidades. Está en manos de los artistas y la sociedad decidir cómo integrarla, cómo utilizarla y cómo definir el papel de la IA en el vasto y diverso mundo del arte.

17. Aspectos Económicos de la IA

La inteligencia artificial (IA) ha pasado de ser una fantasía de la ciencia ficción a una realidad tangible que está reformando la economía global. Su influencia en la estructura económica actual, desde start-ups emergentes hasta gigantes corporativos, es innegable. A continuación, exploraremos cómo la IA está moldeando el panorama económico y cuál podría ser su impacto a futuro.

Impacto en la Economía Global

1. Aumento de la Productividad: La IA puede automatizar tareas repetitivas y analizar grandes cantidades de datos a una velocidad inalcanzable para los humanos. Esto se traduce en procesos más eficientes, reducción de errores y liberación del potencial humano para centrarse en tareas más creativas y estratégicas.

2. Creación de Nuevos Mercados: Al igual que Internet dio origen a industrias completamente nuevas, la IA está creando mercados inexplorados. Los vehículos autónomos, asistentes virtuales y sistemas de recomendación personalizada son solo la punta del iceberg.

3. Reconfiguración del Comercio Internacional: La IA puede cambiar la dinámica de las ventajas comparativas entre naciones. Países que invierten en investigación y desarrollo de IA podrían tener ventajas en sectores que antes estaban dominados por otros países.

Start-ups y la Revolución de la IA

La irrupción de la IA ha dado lugar a un auge de start-ups que buscan explotar sus capacidades. Estas empresas emergentes están abordando problemas que van desde la predicción del clima hasta el diagnóstico médico y la optimización de la cadena de suministro.

El capital de riesgo ha reconocido este potencial, y la inversión en start-ups relacionadas con la IA ha experimentado un crecimiento exponencial en la última década. Las valoraciones de estas empresas a menudo alcanzan cifras astronómicas debido a las altas expectativas sobre el retorno de la inversión.

Negocios Basados en IA

Las empresas establecidas no se han quedado atrás en la adopción de la IA. Las aplicaciones son vastas:

1. Publicidad Personalizada: Empresas como Google y Facebook utilizan IA para analizar los comportamientos y preferencias de los usuarios, ofreciendo publicidad altamente dirigida, lo que aumenta la eficacia de los anuncios y, por ende, los ingresos.

2. Optimización de Operaciones: Desde la gestión de inventarios hasta la logística, la IA está ayudando a las empresas a ser más eficientes, reduciendo costos y mejorando el servicio al cliente.

3. Productos y Servicios Inteligentes: Ya sea mediante chatbots de atención al cliente o sistemas de recomendación, la IA mejora la experiencia del usuario, creando fidelidad y aumentando las ventas.

Desafíos Económicos

Sin embargo, la revolución de la IA también trae desafíos. La automatización puede llevar a la pérdida de empleos en ciertos sectores, lo que requiere una reconfiguración de las habilidades laborales y potencialmente una redistribución de la riqueza. Además, la concentración de capacidades de IA en unas pocas grandes empresas puede presentar preocupaciones antimonopolio.

Conclusión

La IA es más que una tecnología emergente; es una fuerza transformadora en el escenario económico global. Mientras impulsamos la innovación y el crecimiento económico, también debemos ser conscientes de sus implicaciones y desafíos, equilibrando la promesa de un futuro mejorado con la necesidad de abordar sus complejidades económicas y sociales. Es un camino de oportunidades, pero también de responsabilidad.

18. IA en la Investigación y Ciencia

La inteligencia artificial (IA) está revolucionando numerosos campos de la investigación y la ciencia, impulsando avances a una velocidad y escala sin precedentes. Las capacidades computacionales avanzadas de la IA, combinadas con la creciente disponibilidad de grandes conjuntos de datos, están abriendo puertas a descubrimientos y avances que, hasta hace poco, eran solo parte de la imaginación científica.

Simulaciones Detalladas

En áreas como la física, la astrofísica y la química, las simulaciones son esenciales para modelar sistemas complejos y hacer predicciones. La IA, en particular el aprendizaje profundo, puede:

1. Optimizar Simulaciones: Las simulaciones que antes tomaban semanas o meses ahora se pueden completar en días o incluso horas gracias a la eficiencia de la IA.

2. Crear Modelos Más Precisos: La IA puede ayudar a identificar variables previamente no consideradas o a ajustar parámetros con mayor precisión, llevando a modelos más detallados y exactos.

Descubrimientos Acelerados en Biología y Medicina

La genómica y la proteómica son áreas donde se genera una cantidad astronómica de datos. Analizar estos datos es una tarea hercúlea para los humanos, pero la IA puede:

1. Identificar Patrones Genéticos: Esto es crucial para entender enfermedades hereditarias, predisposiciones genéticas y posibles terapias.

2. Acelerar el Desarrollo de Fármacos: Al modelar interacciones moleculares y predecir efectos de compuestos químicos, la IA puede reducir el tiempo y el costo asociados al desarrollo de nuevos medicamentos.

Avances en Ciencias Sociales y Humanidades

Aunque a menudo no se asocian con la IA, las ciencias sociales y humanidades también se benefician de sus capacidades:

1. Análisis de Textos a Gran Escala: Historiadores y lingüistas pueden usar IA para analizar textos masivos, descubriendo patrones lingüísticos, evoluciones culturales y tendencias históricas.

2. Modelado de Sistemas Sociales: La IA puede ayudar a entender dinámicas complejas en sociedades, como la propagación de información o la evolución de normas culturales.

Investigación Ambiental y Cambio Climático

Con el cambio climático como una de las mayores amenazas del siglo, la IA se está utilizando para:

1. Monitoreo Ambiental: Mediante el análisis de imágenes satelitales, la IA puede detectar deforestación, desertificación y cambios en los ecosistemas a tiempo real.

2. Predicción Climática: Modelos climáticos potenciados por IA pueden predecir con mayor exactitud fenómenos extremos y ayudar en la planificación y adaptación.

Desafíos y Consideraciones Éticas

Aunque la IA tiene el potencial de acelerar la investigación y descubrimiento, también presenta desafíos. La interpretabilidad de los modelos de IA es un tema crucial: comprender cómo y por qué un algoritmo llega a una conclusión es esencial para la validez científica.

Además, se deben considerar las implicaciones éticas, especialmente en áreas como la investigación médica y genómica. La privacidad de los datos, el consentimiento informado y la equidad en la investigación son temas que la comunidad científica, con la ayuda de la IA, debe abordar con diligencia.

Conclusión

La confluencia de la IA y la ciencia está redefiniendo los límites de lo que es posible en la investigación. A medida que las máquinas y los humanos colaboran más estrechamente, el horizonte de descubrimientos y avances científicos se expande, prometiendo un futuro más informado, eficiente y prometedor.

19. El Futuro de la Inteligencia Artificial

La inteligencia artificial (IA) ha experimentado un avance meteórico en las últimas décadas, pero aún estamos en las primeras etapas de esta revolución tecnológica. A medida que miramos hacia el horizonte, surge una serie de predicciones, esperanzas y teorías sobre lo que depara el futuro de la IA. Aquí abordaremos algunas de las visiones más inspiradoras y provocadoras sobre el mañana de esta tecnología.

1. IA General

Hasta ahora, gran parte del progreso en IA ha sido en inteligencia artificial estrecha o específica, donde las máquinas son expertas en una sola tarea, como reconocimiento de imágenes o juegos de estrategia. Sin embargo, existe la ambición de crear una IA general (AGI) que tenga la capacidad de realizar cualquier tarea intelectual que un humano pueda hacer. Tal entidad podría combinar las habilidades de todas las IAs estrechas en una sola entidad, resultando en una máquina verdaderamente versátil.

2. Integración Mente-Máquina

Elon Musk's Neuralink y otras empresas están explorando interfaces cerebro-computadora que podrían fusionar la mente humana con la IA. Estas interfaces podrían mejorar nuestras capacidades cognitivas, permitiéndonos comunicarnos directamente con dispositivos digitales o incluso descargar habilidades.

3. IA y la Singularidad

Ray Kurzweil y otros futuristas han propuesto la idea de la "Singularidad", un punto en el tiempo en el que el progreso tecnológico, impulsado en parte por la IA, se acelera tanto que provoca cambios impredecibles en la sociedad humana. Se teoriza que después de este punto, la evolución humana y tecnológica podría fusionarse.

4. Avances en Medicina

El potencial de la IA en la medicina es inmenso. Podríamos ver algoritmos que no sólo diagnostican enfermedades con precisión sobrehumana, sino que también proponen tratamientos personalizados basados en la genética y el historial de vida del individuo.

5. Resolución de Problemas Globales

Con una IA avanzada, podríamos abordar desafíos globales como el cambio climático, la pobreza y las enfermedades. Por ejemplo, algoritmos podrían optimizar la generación y distribución de energía renovable, o modelar y proponer soluciones para ecosistemas en declive.

6. Cuestiones Éticas y de Control

A medida que la IA se vuelve más avanzada, las preocupaciones sobre quién controla estas entidades y cómo se toman las decisiones se vuelven más críticas. Deberemos enfrentar dilemas sobre autonomía, privacidad y derechos, y cómo mantener un equilibrio entre el aprovechamiento de la IA y la protección de los valores humanos.

7. Coexistencia con Superinteligencias

Si alguna vez llegamos a desarrollar IAs que superen nuestra capacidad intelectual, nos enfrentaremos al reto de coexistir con entidades que, en muchos aspectos, serán más capaces que nosotros. La configuración de objetivos y valores alineados será esencial para garantizar una coexistencia pacífica y beneficiosa.

Conclusión

El futuro de la IA es un lienzo de posibilidades inimaginables, limitado sólo por nuestra imaginación y las leyes de la física. Si bien hay desafíos y preocupaciones, también hay un potencial ilimitado para la mejora y el enriquecimiento de la vida humana. Como sociedad, nuestro deber es guiar este desarrollo de manera que arroje los máximos beneficios, minimizando los riesgos y garantizando que la IA sirva como una extensión y mejora de la humanidad, y no como un detractor o amenaza.

20. Reflexiones Finales: La Coexistencia Armoniosa de Humanos y Máquinas

Nos encontramos en un momento de la historia caracterizado por un cambio tecnológico sin precedentes, donde cada descubrimiento y avance nos acerca más a un mundo en el que las máquinas no son meros instrumentos, sino compañeras en nuestra travesía diaria. Esta evolución invita a una profunda reflexión sobre nuestra relación con la tecnología y, en particular, con la inteligencia artificial.

En primer lugar, es fundamental reconocer que, a pesar de su poder y capacidades, la IA es una extensión de la humanidad, no un sustituto. Las máquinas que creamos reflejan nuestras ambiciones, miedos, valores y aspiraciones. Son herramientas amplificadas por nuestra imaginación y creatividad, destinadas a servirnos, mejorar nuestra calidad de vida y ayudarnos a enfrentar los desafíos más complejos de nuestra época.

Sin embargo, la relación que hemos cultivado con estas entidades avanzadas es única y sin parangón. A diferencia de cualquier otra herramienta en la historia, la IA tiene la capacidad de aprender, adaptarse y, en algunos aspectos, tomar decisiones. Esto plantea preguntas vitales sobre autonomía, control y ética.

El futuro que vislumbramos no es uno en el que las máquinas reemplacen a los humanos, sino más bien uno en el que humanos y máquinas colaboren de maneras que hoy apenas podemos imaginar. Será un mundo donde las máquinas potencien nuestras habilidades, compensen nuestras deficiencias y trabajen junto a nosotros en una danza simbiótica de crecimiento y descubrimiento.

Por ello, es esencial cultivar una relación basada en el respeto mutuo y la comprensión. Las máquinas deben ser diseñadas con principios éticos que garanticen que sus acciones y decisiones se alineen con el bienestar humano y el bien común. Los humanos, a su vez, deben aprender a confiar, pero también a cuestionar y supervisar, garantizando que la IA se utilice de manera responsable.

A medida que avanzamos en este camino compartido, es crucial que prioricemos la educación y la preparación. La próxima generación no sólo necesita saber cómo usar estas herramientas, sino también cómo pensar críticamente sobre ellas, entender sus límites y potencialidades y contribuir a su desarrollo continuo de maneras éticas y constructivas.

La coexistencia armoniosa entre humanos y máquinas es más que posible; es deseable. Pero llegar allí requerirá esfuerzo, diálogo y una voluntad colectiva de construir un futuro que valore tanto la humanidad como la máquina.

Concluyendo, nuestra travesía con la inteligencia artificial apenas comienza. Es una historia que estamos escribiendo juntos, día a día, elección tras elección. Si abordamos este viaje con empatía, curiosidad y responsabilidad, el legado que dejamos será uno de prosperidad, innovación y armonía entre humanos y máquinas.